Mis sentidos

me ayudan

Bobbie Kalman

Crabtree Publishing Company

www.crabtreebooks.com

Creado por Bobbie Kalman

Autor y Jefe editorial
Bobbie Kalman

Consultores pedagógicos
Elaine Hurst
Joan King
Reagan Miller

Editores
Joan King
Reagan Miller
Kathy Middleton

Revisor
Crystal Sikkens

Investigación fotográfica
Bobbie Kalman

Diseño
Bobbie Kalman
Katherine Berti

Coordinador de producción
Katherine Berti

Técnico de preimpresión
Katherine Berti

Photographs
iStockphoto: pág. 4 (abajo)
Shutterstock: portada, pág. 1, 3, 4 (arriba), 5, 6, 7,
    8, 9, 10, 11, 12, 13, 14 (abajo a la izquierda),
    15 (excepto arriba a la derecha)
Otras fotografías por Comstock y Photodisc

Catalogación en publicación de Bibliotecas y Archivos Canadá

Kalman, Bobbie, 1947-
    Mis sentidos me ayudan / Bobbie Kalman.

(Mi mundo)
Translation of: My senses help me.
Issued also in an electronic format.
ISBN 978-0-7787-8558-3 (bound).--ISBN 978-0-7787-8584-2 (pbk.)

    1. Senses and sensation--Juvenile literature. I. Title. II. Series:
Mi mundo (St. Catharines, Ont.)

QP434.K35518 2011   j612.8   C2010-904160-7

Información de catalogación en publicación de la Biblioteca del Congreso

Kalman, Bobbie.
    [My senses help me. Spanish]
    Mis sentidos me ayudan / Bobbie Kalman.
        p. cm. -- (Mi mundo)
    ISBN 978-0-7787-8584-2 (pbk. : alk. paper) -- ISBN 978-0-7787-8558-3 (reinforced
library binding : alk. paper) -- ISBN 978-1-4271-9579-1 (electronic (pdf))
    1. Senses and sensation--Juvenile literature. I. Title. II. Series.

QP434.K35518 2011
612.8--dc22
                              2010024768

Crabtree Publishing Company

www.crabtreebooks.com   1-800-387-7650

Impreso en Hong Kong/042011/BK20110304

Publicado en Canadá
Crabtree Publishing
616 Welland Ave.
St. Catharines, Ontario
L2M 5V6

Publicado en los Estados Unidos
Crabtree Publishing
PMB 59051
350 Fifth Avenue, 59th Floor
New York, New York 10118

Publicado en el Reino Unido
Crabtree Publishing
Maritime House
Basin Road North, Hove
BN41 1WR

Publicado en Australia
Crabtree Publishing
386 Mt. Alexander Rd.
Ascot Vale (Melbourne)
VIC 3032

Palabras que debo saber

lentes

escuchar

hojas de
pino

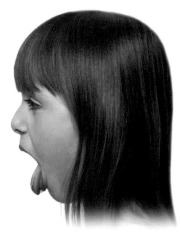

zorrillo

lengua

3

Tengo cinco sentidos.

Puedo escuchar.

Puedo ver.

Puedo saborear.   Puedo oler.

Puedo tocar.

Veo con mis ojos.

Miro a una niña.

¿Ves sus **lentes**?

Sus lentes le ayudan a ver mejor.

Mis ojos pueden ver los colores.

Pinto con muchos colores.

¿Qué colores ves?

Oigo con mis oídos.
Mi amigo me habla.
Lo **escucho**.

Mi madre nos lee un cuento.
Todos escuchamos porque, ¡es un
gran cuento!

Huelo con mi nariz.
Huele a **zorrillo**.
"¡Puaj! Eso apesta".

Saboreo con mi **lengua**.
¡Esta fresa sabe genial!

Toco con mis dedos.
Toco las **hojas de pino**.
"¡Ay! Son muy afiladas".

Siento con mi piel.

"Esta agua se siente muy fría.

¡Brrrr!

Actividad

¿Qué alimento sabe dulce?

¿Qué alimento sabe ácido?

¿Qué alimento sabe salado?

¿Qué alimento sabe picante?

chiles

limón

plátano

palomitas de maíz

pizza

sandía

Notas para los adultos

¿Goce o advertencia?

Nuestros sentidos nos ayudan a disfrutar del mundo. Nos encanta oler las flores, saborear alimentos deliciosos, escuchar música, observar hermosos paisajes y tocar y sentir cosas suaves. Nuestros sentidos también nos advierten del peligro. Escuchar a un perro que ladra, ver los carros que vienen al cruzar la calle, oler el humo, probar algo que se ha echado a perder y tocar superficies calientes nos advierten del peligro. Con la ayuda de su clase haga una tabla de cosas que nuestros sentidos disfrutan y otra que muestre posibles peligros sobre los cuales nos advierten los sentidos.

La caja de tocar y sentir

Haga una caja de tocar y sentir. Escoja objetos de varias texturas y póngalos dentro de la caja. Cubra la caja con una tela. Pida a los niños que extiendan la mano por debajo de la tela e identifiquen los objetos de acuerdo a cómo se sienten al tocarlos, lisos, ásperos, afilados, rugosos, suaves. Después de que hayan identificado todos los objetos, pídales que los agrupen de acuerdo a su textura. ¿Qué otros significados tiene la palabra "sentir"? Pida a los niños que usen la palabra de maneras diferentes.

Observar la Naturaleza
¿Cómo se siente al tocarlo?
Bobbie Kalman

¿Cómo se siente? le da un vistazo a varias texturas de la naturaleza y las palabras que se usan para describir cómo se sienten al tocarlas, tales como áspero, suave, sedoso, liso o rugoso.
Lectura guiada: I